金剛般若波羅蜜經

읽고 쓰는 새로운
금강경 사경노트

편저자 無一 우학 큰스님

B.U.D 山海세계명상센터 해룡일출大관음사 16나한

金剛般若波羅蜜經

읽고 쓰는
새로운 금강경 사경노트
(한문편)

편저자 無一 우학 큰스님

도서출판 좋은인연

금구성언
참된말씀
아눅다라삼먁삼보리

세상에 있는 수많은 책들 가운데에서 우리 인생교과서로 삼을 만한 책이 있다면 금강경이라고 말하고 싶다.

세상의 복잡한 문제들을 한꺼번에 경험하던 20대 초반의 젊은 시절, 우연히 금강경과 인연을 맺게 되었다. 수억겁 잠든 영혼을 뒤흔드는 광활한 진리의 말씀에 우주 허공의 세계와 하나 되는 충격을 받고, 잠을 이룰 수가 없었다. 그 후 많은 논서를 통해 금강경의 세계를 확립하려고 정진하였다. 현재 우리가 접하고 있는 금강경은 구마라습 스님이 산스크리트어(인도 고유 고급어)를 한문으로 번역한 책이다. 전부 5천여 자(字)로 이루어져 있으며 불교사상의 핵심인 '반야(般若)를 통한 공(空)의 세계'를 극명하게 드러내고 있다. '공'이란 말을 한마디도 쓰지 않으면서 전개되는 공의 이론은 대단히 논리적이다.

불교에 있어서 반야와 공은 불가분의 관계인데, '반야'란 우주 실상의 모습을 있는 그대로 관조하는 능력이라고 볼 수 있으며, '공'이란 모든 세상이 시간적 공간적으로 모두 연기(緣起)되어 있으면서 개체 스스로는 실체가 없는 세상의 질서를 나타낸 말이라고 볼 수 있다.

그러면, 이 반야와 공은 궁극적으로 무엇을 우리에게 가르치는가? 바로 '무집착(無執着)의 자비행'이다. 금강경을 잘못 보면 자칫 염세주의, 허무주의의 소승경전이라고 착각한다. 우리는 이 경을 접하면서 늘 이 점을 경계하지 않으면 안 된다. 금강경은 대승경전이다. 자기 욕심, 자기 한계로부터의 탈출을 대자유(大自由)라고 한다. 이것이 무집착이며 무심인 것이다. 금강경은 시종일관 이 대자유를 노래하고 있다.

요즘의 사회 범죄, 노이로제, 정신 질환 등이 대부분 맹목적인 자기 집착에서 비롯된 것임을 생각하면 이 금강경은 현대를 살아가는 우리 모두에게 얼마나 중요한 경전인가 새삼 느낄 수 있을 것이다.

자기 집착을 떠난 대자유는 저절로 자비행이 될 수밖에 없다. 대자유는 모든 시간, 공간 속에 자기 자신을 한꺼번에 던져 넣는 일이기 때문이다. 즉, 부처님과 하나가 되고, 신과 하나가 되고, 모든 사람과 하나가 되고, 모든 자연과 하나가 되는 일이기 때문이다.

이 금강경은 불교 교단의 수행 방향 설정에서도 단연 독보적 위치를 점하고 있다. 불교의 종단들은 제각기 소의경전(所依經典), 즉 주로 의지할 바 경전을 채택하고 있는데 현재 우리나라에서는 조계종을 비롯한 많은 종단에서 이 금강경을 소의경전으로 채택하고 있다.

그러므로 종단의 흐름은 다분히 금강경적 분위기로 흐를 수밖에 없으며, 선종(禪宗)의 빛깔을 나타낼 수밖에 없다.

불교의 핵심은 반야인데 이 금강경은 '반야의 획득'을 강조하고 있다. 반야의 획득으로는 선수행이 적합하다고 여겨졌기 때문에 금강경과 조계종 같은 선종과는 밀접한 관계가 될 수밖에 없다. 선종의 유명한 육조(六祖) 혜능(慧能) 스님은 금강경의 한 구절에서 발심하여 그의 스승 홍인대사(弘忍大師)로부터 금강경 수업을 받기도 하였다.

우리는 이 금강경을 통해서 대자유의 세계, 깨달음의 세계를 만끽하리라고 본다. 그러므로 금강경은 인생교과서이다.

無一 우학 합장
금강경 핵심강의 머리말 중에서

금강의 지혜로
부처님 세계에 이르는 경

金剛般若波羅蜜經

法會因由分 第一

아난인 제가 다음과 같이 들었습니다. 어느 때에 석가모니 부처님께서 사위국의 기수급고독원에 계실 적에 큰 비구 스님들 천이백오십 분도 함께 계셨습니다. 여느 때와 같이 부처님께서는 공양 드실 때가 되어감에 따라 가사를 수하시고 바루를 챙기시어 사위성으로 들어가셨습니다. 그 성안에서 차례로 탁발하시고는 다시 본 처소로 돌아오셨습니다. 공양을 다 드신 후, 바루를 거두시고 가사를 벗으시었습니다. 그리고는 발을 씻으시고, 자리를 펴 앉으셨습니다.

如是我聞一時佛在舍衛國祇樹給
여 시 아 문 일 시 불 재 사 위 국 기 수 급

孤獨園與大比丘眾千二百五十人
고 독 원 여 대 비 구 중 천 이 백 오 십 인

俱爾時世尊食時着衣持鉢入舍衛
구 이 시 세 존 식 시 착 의 지 발 입 사 위

大城乞食於其城中次第乞已還至
대 성 걸 식 어 기 성 중 차 제 걸 이 환 지

本處飯食訖收衣鉢洗足已敷座而
본 처 반 사 흘 수 의 발 세 족 이 부 좌 이

1

이때 장로인 수보리가 대중 가운데 있다가 자리에서 일어나, 바른편 어깨 쪽 가사를 벗고 바른편 무릎을 땅에 꿇으며, 합장하고 공경스럽게 부처님께 말씀드렸습니다.

"참으로 경이롭습니다, 세존이시여. 여래께서는 보살들을 잘 생각하여 보호해 주시며, 보살들에게 잘 부탁하여 맡기십니다.

세존이시여, 선남자 선여인 즉 착한 보살들이 있어, '아뇩다라삼먁삼보리심' 이라는 '부처님 세계에 들려는 마음' 을 내었다면, 이들은 어떻게 생활하여야 하며,

坐
좌

善現起請分 第二

時長老須菩提在大衆中卽從座起
시 장 로 수 보 리 재 대 중 중 즉 종 좌 기

偏袒右肩右膝着地合掌恭敬而白
편 단 우 견 우 슬 착 지 합 장 공 경 이 백

佛言希有世尊如來善護念諸菩薩
불 언 희 유 세 존 여 래 선 호 념 제 보 살

善付囑諸菩薩世尊善男子善女人
선 부 촉 제 보 살 세 존 선 남 자 선 여 인

發阿耨多羅三藐三菩提心應云何
발 아 뇩 다 라 삼 먁 삼 보 리 심 응 운 하

2

어떻게 마음을 다스려야 하겠습니까?"

부처님께서 말씀하셨습니다.

"오, 그래 그래 착하구나. 수보리야, 너의 말과 같이 여래께서는 보살들을 잘 생각하여 보호해 주시며, 보살들에게 잘 부탁하여 맡기신단다. 자세히 들으라. 너의 묻는 말에 답해 주리라.

선남자 선여인 즉 착한 보살들이 있어, '아뇩다라삼먁삼보리심'이라는 '부처님 세계에 들려는 마음'을 내었다면, 다음과 같이 생활하며 다음과 같이 마음을 다스려야 하느니라."

"예 알겠습니다, 세존이시여. 기꺼이 듣고자 하옵니다."

住云何降伏其心佛言善哉善哉須
주 운 하 항 복 기 심 불 언 선 재 선 재 수

菩提如汝所說如來善護念諸菩薩
보 리 여 여 소 설 여 래 선 호 념 제 보 살

善付囑諸菩薩汝今諦聽當爲汝說
선 부 촉 제 보 살 여 금 제 청 당 위 여 설

善男子善女人發阿耨多羅三藐三
선 남 자 선 여 인 발 아 뇩 다 라 삼 먁 삼

菩提心應如是住如是降伏其心唯
보 리 심 응 여 시 주 여 시 항 복 기 심 유

然世尊願樂欲聞
연 세 존 원 요 욕 문

3

大乘正宗分 第三

부처님께서 수보리에게 이르시
었습니다.

"대보살들은 반드시 다음과 같
이 마음을 다스려야 하느니라.
'이 세상의 온갖 생명체들, 이를
테면 알에서 태어났거나, 태에서
태어났거나, 습기에서 태어났거
나, 갑자기 변화하여 태어났거
나, 하늘나라의 색계·무색계에
태어났거나, 무색계 하늘 중 유
상천·무상천·비유상비무상천
에 태어났거나, 모두 내가 저 영
원한 부처님 세계에 들도록 인도
하리라' 라고 서원 세우라.
이와 같이 헤아릴 수 없는 생명
체들을 부처님 세계로 인도하지
만, 실지로는 인도를 받은 중생
이 없느니라."

佛告須菩提諸菩薩摩訶薩應如是
불 고 수 보 리 제 보 살 마 하 살 응 여 시

降伏其心所有一切衆生之類若卵
항 복 기 심 소 유 일 체 중 생 지 류 약 난

生若胎生若濕生若化生若有色若
생 약 태 생 약 습 생 약 화 생 약 유 색 약

無色若有想若無想若非有想非無
무 색 약 유 상 약 무 상 약 비 유 상 비 무

想我皆令入無餘涅槃而滅度之如
상 아 개 영 입 무 여 열 반 이 멸 도 지 여

是滅度無量無數無邊衆生實無衆
시 멸 도 무 량 무 수 무 변 중 생 실 무 중

"왜냐하면 수보리야, 만약에 보살이 자기가 제일이라는 모습, 즉 아상이 있다거나, 나와 남을 나누어서 보는 모습, 즉 인상이 있다거나, 재미있고 호감 가는 것만 본능적으로 취하는 모습, 즉 중생상이 있다거나, 영원한 수명을 누려야지 하는 모습, 즉 수자상이 있다면, 이는 보살이 아니기 때문이니라."

묘행무주분 제사

"또한 수보리야, 보살은 반드시 대상에 매이지 말고 보시를 해야 하느니라. 이른바 형색·소리·냄새·맛·닿임·생각의 대상을 떠나서 보시할지니라. 수보리야, 보살은 반드시 이와 같이 보시하면서, '내가 보시를 한다' 라는 생각도 내지 말아야 하느니라."

生得滅度者何以故須菩提若菩薩
생 득 멸 도 자 하 이 고 수 보 리 약 보 살

有我相人相衆生相壽者相卽非菩
유 아 상 인 상 중 생 상 수 자 상 즉 비 보

薩
살

妙行無住分 第四

復次須菩提菩薩於法應無所住行
부 차 수 보 리 보 살 어 법 응 무 소 주 행

於布施所謂不住色布施不住聲香
어 보 시 소 위 부 주 색 보 시 부 주 성 향

味觸法布施須菩提菩薩應如是布
미 촉 법 보 시 수 보 리 보 살 응 여 시 보

"왜냐하면 만약에 보살이 '내가 보시를 한다'라는 생각 없이 보시를 하면, 그 복덕이 헤아릴 수 없이 크기 때문이니라. 수보리야, 어떻게 생각하느냐? 동쪽 허공의 크기를 생각으로 헤아릴 수 있겠느냐?" "헤아릴 수 없습니다, 세존이시여."

"수보리야, 남·서·북·남서·남동·북서·북동·상·하, 각각에 이르는 허공의 크기를 생각으로 헤아릴 수 있겠느냐?" "헤아릴 수 없습니다, 세존이시여."

"수보리야, 보살이 '내가 한다'라는 생각 없이 보시한 복덕도 이처럼 엄청나서, 생각으로 헤아릴 수 없느니라. 수보리야, 보살은 반드시 이와 같이 가르쳐 준 대로만 마음을 내고, 생활할지니라."

施不住於相何以故若菩薩不住相
시 부 주 어 상 하 이 고 약 보 살 부 주 상

布施其福德不可思量須菩提於意
보 시 기 복 덕 불 가 사 량 수 보 리 어 의

云何東方虛空可思量不不也世尊
운 하 동 방 허 공 가 사 량 부 불 야 세 존

須菩提南西北方四維上下虛空可
수 보 리 남 서 북 방 사 유 상 하 허 공 가

思量不不也世尊須菩提菩薩無住
사 량 부 불 야 세 존 수 보 리 보 살 무 주

相布施福德亦復如是不可思量須
상 보 시 복 덕 역 부 여 시 불 가 사 량 수

菩提菩薩但應如所教住
보 리 보 살 단 응 여 소 교 주

如理實見分 第五

"수보리야, 어떻게 생각하느냐? 몸의 형색으로 '참 부처님'을 볼 수 있다고 생각하느냐?"

"볼 수 없습니다, 세존이시여. 몸의 형색으로는 '참 부처님'을 볼 수 없습니다. 왜냐하면 부처님께서 말씀하신 '몸의 형색'은 곧 몸의 형색이 아니기 때문입니다."

부처님께서 수보리에게 이르시었습니다.

"존재하고 있는 모든 정신적, 물질적인 것은 실체가 없고 끊임없이 변하는 것이니, 만일 이와 같은 줄을 알면 '참 부처님'을 보리라."

須菩提於意云何可以身相見如來
수 보 리 어 의 운 하 가 이 신 상 견 여 래

不不也世尊不可以身相得見如來
부 불 야 세 존 불 가 이 신 상 득 견 여 래

何以故如來所說身相卽非身相佛
하 이 고 여 래 소 설 신 상 즉 비 신 상 불

告須菩提凡所有相皆是虛妄若見
고 수 보 리 범 소 유 상 개 시 허 망 약 견

諸相非相卽見如來
제 상 비 상 즉 견 여 래

7

正信希有分 第六

수보리가 부처님께 사뢰었습니다.

"세존이시여, 중생들이 이와 같이 설하신 말씀의 구절들을 귀담아듣고, 실지로 믿음을 내겠습니까?"

부처님께서 수보리에게 이르시었습니다.

"그런 말 하지 말아라. 내가 육신의 몸을 버리고 진리의 세계로 든 뒤 이천오백 년 후에라도, 계를 지니고 복을 닦는 자가 있으면, 이 구절 말씀에 능히 믿는 마음을 내어 이를 진실한 것으로 여기리라. 마땅히 알아라. 이 사람은 한 부처님이나 두 부처님이나 셋, 넷, 다섯 부처님께만 선근을 심은 것이 아니라, 한량없는 천만 억 부처님께 여러 선근을 심은 바,

須菩提白佛言世尊頗有眾生得聞
수 보 리 백 불 언 세 존 파 유 중 생 득 문

如是言說章句生實信不佛告須菩
여 시 언 설 장 구 생 실 신 부 불 고 수 보

提莫作是說如來滅後後五百歲有
리 막 작 시 설 여 래 멸 후 후 오 백 세 유

持戒修福者於此章句能生信心以
지 계 수 복 자 어 차 장 구 능 생 신 심 이

此爲實當知是人不於一佛二佛三
차 위 실 당 지 시 인 불 어 일 불 이 불 삼

四五佛而種善根已於無量千萬佛
사 오 불 이 종 선 근 이 어 무 량 천 만 불

이 구절 말씀을 듣거나 내지는 한 생각만으로도 깨끗한 믿음을 내느니라. 수보리야, 여래께서는 이러한 중생들이 이와 같은 한량 없는 복덕을 얻는다는 것을 다 아시고, 다 보시느니라. 왜냐하면 이 중생들은 다시는 자기가 제일이라는 모습, 즉 아상이 없으며, 나와 남을 나누어 보는 모습, 즉 인상이 없으며, 재미있고 호감 가는 것만을 본능적으로 취하는 모습, 즉 중생상이 없으며, 영원한 수명을 누려야지 하는 모습, 즉 수자상이 없고, 객관의 대상, 즉 법상도 없으며, 객관의 대상이 아닌 모습, 즉 비법상도 없느니라. 왜냐하면 만약 중생들이 마음에 상을 취하면, 곧 아상·인상·중생상·수자상을 가지는 것이 되기 때문이니라. 만약에 법상을 취하더라도, 곧 아

所種諸善根聞是章句乃至一念生
소 종 제 선 근 문 시 장 구 내 지 일 념 생

淨信者須菩提如來悉知悉見是諸
정 신 자 수 보 리 여 래 실 지 실 견 시 제

衆生得如是無量福德何以故是諸
중 생 득 여 시 무 량 복 덕 하 이 고 시 제

衆生無復我相人相衆生相壽者相
중 생 무 부 아 상 인 상 중 생 상 수 자 상

無法相亦無非法相何以故是諸衆
무 법 상 역 무 비 법 상 하 이 고 시 제 중

生若心取相卽爲着我人衆生壽者
생 약 심 취 상 즉 위 착 아 인 중 생 수 자

若取法相卽着我人衆生壽者何以
약 취 법 상 즉 착 아 인 중 생 수 자 하 이

상·인상·중생상·수자상을 가지는 것이 되느니라. 왜냐하면 만약 비법상을 취하기만 해도, 이는 곧 아상·인상·중생상·수자상을 가지는 것이 되기 때문이니라. 그러한 까닭으로 마땅히 객관의 대상, 즉 법상을 취하지 말아야 하며, 객관의 대상이 아닌 모습, 즉 비법상도 취하지 말아야 하느니라. 이와 같은 이유로 내가 너희들 비구에게 항상 설하되, '나의 설법을 뗏목에 비유했다는 것을 알아라' 라고 하였느니라. 법도 버려야 하는데, 하물며 비법에 매여서 되겠느냐!"

무득무설분 제 칠

"수보리야, 어떻게 생각하느냐? 여래께서 아뇩다라삼먁삼보리, 즉 부처님 세계를 얻었다고 생각하느냐? 여래께서 설하신 법이

故若取非法相卽着我人衆生壽者
고 약 취 비 법 상 즉 착 아 인 중 생 수 자

是故不應取法不應取非法以是義
시 고 불 응 취 법 불 응 취 비 법 이 시 의

故如來常說汝等比丘知我說法如
고 여 래 상 설 여 등 비 구 지 아 설 법 여

筏喩者法尙應捨何況非法
벌 유 자 법 상 응 사 하 황 비 법

無得無說分 第七

須菩提於意云何如來得阿耨多羅
수 보 리 어 의 운 하 여 래 득 아 뇩 다 라

三藐三菩提耶如來有所說法耶須
삼 먁 삼 보 리 야 여 래 유 소 설 법 야 수

10

있다고 생각하느냐?"
수보리가 대답하였습니다.
"제가 부처님께서 설하신 말씀의 뜻을 이해하기로는, 아뇩다라삼먁삼보리 즉 '부처님 세계'라고 이름할 만한 일정한 법이 없으며, '여래께서 설하셨다'라고 할 만한 일정한 법도 또한 없습니다. 왜냐하면 여래께서 설하신 법은 다 취할 수도 없고, 다 말할 수도 없으며, 법도 아니고 법 아님도 아니기 때문입니다. 어떤 연유인고 하면, 그것은 모든 현인이나 성인들이 다 '근본 자리에서 쓰는 무위법' 가운데 여러 가지 차별이 있는 까닭입니다."

의법출생분 제 팔

"수보리야, 어떻게 생각하느냐? 만약 어떤 사람이 삼천대천세계에

菩提言如我解佛所說義無有定法
보 리 언 여 아 해 불 소 설 의 무 유 정 법
名阿耨多羅三藐三菩提亦無有定
명 아 뇩 다 라 삼 먁 삼 보 리 역 무 유 정
法如來可說何以故如來所說法皆
법 여 래 가 설 하 이 고 여 래 소 설 법 개
不可取不可說非法非非法所以者
불 가 취 불 가 설 비 법 비 비 법 소 이 자
何一切賢聖皆以無爲法而有差別
하 일 체 현 성 개 이 무 위 법 이 유 차 별

依法出生分 第八

須菩提於意云何若人滿三千大千
수 보 리 어 의 운 하 약 인 만 삼 천 대 천

11

일곱 가지 종류의 보물, 즉 칠보를 가득히 쌓아서 보시한다면, 이 사람의 지은 바 복덕이 많지 않겠느냐?"

수보리가 대답하였습니다.

"대단히 많겠습니다, 세존이시여. 왜냐하면 이 복덕은 참다운 복덕의 성질이 아닌 까닭에 여래께서 '복덕이 많다' 라고 하셨기 때문입니다."

"만약에 또 어떤 사람이 있어, 이 경 가운데서 받아 지니거나, 혹은 네 구절의 게송 등을 다른 사람에게 설하여 주면, 그 복덕은 저 칠보를 보시한 복덕보다 더 수승하리라. 왜냐하면 일체의 모든 부처님과 모든 부처님의 아뇩다라삼먁삼보리법이 모두 이 경에서 나왔기 때문이니라."

世界七寶以用布施是人所得福德
세 계 칠 보 이 용 보 시 시 인 소 득 복 덕

寧爲多不須菩提言甚多世尊何以
영 위 다 부 수 보 리 언 심 다 세 존 하 이

故是福德卽非福德性是故如來說
고 시 복 덕 즉 비 복 덕 성 시 고 여 래 설

福德多若復有人於此經中受持乃
복 덕 다 약 부 유 인 어 차 경 중 수 지 내

至四句偈等爲他人說其福勝彼何
지 사 구 게 등 위 타 인 설 기 복 승 피 하

以故須菩提一切諸佛及諸佛阿耨
이 고 수 보 리 일 체 제 불 급 제 불 아 뇩

多羅三藐三菩提法皆從此經出須
다 라 삼 먁 삼 보 리 법 개 종 차 경 출 수

"수보리야, 이른바 '부처님 법' 이라는 것은 곧 부처님 법이 아니니라."

일상무상분 제 구

"수보리야, 어떻게 생각하느냐? 수다원이 능히 '내가 수다원과 를 얻었다'라는 생각을 짓겠느냐?"

수보리가 대답하였습니다.

"그러한 생각을 짓지 않습니다, 세존이시여. 왜냐하면 수다원은 '성인의 류에 든다'라는 말이오 나, 실지로는 들어간 바가 없기 때문입니다. 형색 · 소리 · 냄새 · 맛 · 닿임 · 생각의 대상에 물들지 아니한 까닭에, 그 이름을 '수다원'이라 할 뿐입니다."

"수보리야, 어떻게 생각하느냐? 사다함이 능히 '내가 사다함과 를 얻었다'라는 생각을 짓겠느냐?"

菩提所謂佛法者卽非佛法
보 리 소 위 불 법 자 즉 비 불 법

一相無相分 第九

須菩提於意云何須陀洹能作是念
수 보 리 어 의 운 하 수 다 원 능 작 시 념

我得須陀洹果不須菩提言不也世
아 득 수 다 원 과 부 수 보 리 언 불 야 세

尊何以故須陀洹名爲入流而無所
존 하 이 고 수 다 원 명 위 입 류 이 무 소

入不入色聲香味觸法是名須陀洹
입 불 입 색 성 향 미 촉 법 시 명 수 다 원

須菩提於意云何斯陀含能作是念
수 보 리 어 의 운 하 사 다 함 능 작 시 념

수보리가 대답하였습니다.

"그러한 생각을 짓지 않습니다, 세존이시여. 왜냐하면 사다함은 '한번 갔다 온다' 라는 말이오나, 실지로는 가고 옴이 없는 까닭에, 그 이름을 '사다함' 이라 할 뿐이기 때문입니다."

"수보리야, 어떻게 생각하느냐? 아나함이 능히 '내가 아나함과를 얻었다' 라는 생각을 짓겠느냐?"

수보리가 대답하였습니다.

"그러한 생각을 짓지 않습니다, 세존이시여. 왜냐하면 아나함은 '갔다 오지 않는다' 라는 말이오나, 실지로는 오지 않음이 없는 까닭에, 그 이름을 '아나함' 이라 할 뿐이기 때문입니다."

"수보리야, 어떻게 생각하느냐? 아라한이 능히 '내가 아라한과를 얻었다' 라는 생각을 짓겠느

我得斯陀含果不須菩提言不也世
아 득 사 다 함 과 부 수 보 리 언 불 야 세

尊何以故斯陀含名一往來而實無
존 하 이 고 사 다 함 명 일 왕 래 이 실 무

往來是名斯陀含須菩提於意云何
왕 래 시 명 사 다 함 수 보 리 어 의 운 하

阿那含能作是念我得阿那含果不
아 나 함 능 작 시 념 아 득 아 나 함 과 부

須菩提言不也世尊何以故阿那含
수 보 리 언 불 야 세 존 하 이 고 아 나 함

名爲不來而實無不來是故名阿那
명 위 불 래 이 실 무 불 래 시 고 명 아 나

含須菩提於意云何阿羅漢能作是
함 수 보 리 어 의 운 하 아 라 한 능 작 시

냐?"
수보리가 대답하였습니다.
"그러한 생각을 짓지 않습니다,
세존이시여. 왜냐하면 실지로는
법이 있지 않은 까닭에, 그 이름
을 '아라한'이라 할 뿐이기 때문
입니다. 세존이시여, 만약 아라
한이 이와 같이 생각을 짓되, '내
가 아라한과를 얻었다'라고 한
다면, 이는 곧 아상·인상·중생
상·수자상에 걸리는 것이 됩니
다. 세존이시여, 부처님께서 설
하시되, 제가 '번뇌와의 다툼을
여읜 삼매'를 얻은 사람 가운데
에서 가장 제일이라고 하셨습니
다. 이는 '욕심을 떠난 아라한 가
운데 제일'이라는 말씀입니다.
하오나 세존이시여, 저는 '내가
욕심을 떠난 아라한이다'라는
생각을 짓지 않습니다."

念我得阿羅漢道不須菩提言不也
념 아 득 아 라 한 도 부 수 보 리 언 불 야

世尊何以故實無有法名阿羅漢世
세 존 하 이 고 실 무 유 법 명 아 라 한 세

尊若阿羅漢作是念我得阿羅漢道
존 약 아 라 한 작 시 념 아 득 아 라 한 도

卽爲着我人衆生壽者世尊佛說我
즉 위 착 아 인 중 생 수 자 세 존 불 설 아

得無諍三昧人中最爲第一是第一
득 무 쟁 삼 매 인 중 최 위 제 일 시 제 일

離欲阿羅漢世尊我不作是念我是
이 욕 아 라 한 세 존 아 부 작 시 념 아 시

離欲阿羅漢世尊我若作是念我得
이 욕 아 라 한 세 존 아 약 작 시 념 아 득

"세존이시여, 제가 만약에 '아라한도를 얻었다' 라는 생각을 지었다면, 세존께서 '수보리는 아란나행을 좋아하는 자' 라고 말씀하지 않으셨을 것입니다. 실은 제가 그러지 않았으므로, '수보리는 아란나행을 좋아한다' 라고 하셨습니다."

장엄정토분 제 십

부처님께서 이르시었습니다.
"수보리야, 어떻게 생각하느냐? 여래가 옛적에 연등 부처님 처소에서 법을 얻은 바가 있다고 생각하느냐?"
"아닙니다, 세존이시여. 여래께서 연등 부처님 처소에 계실 적에, 실지로 법을 얻으신 바가 없습니다."

阿羅漢道世尊卽不說須菩提是樂
아 라 한 도 세 존 즉 불 설 수 보 리 시 요

阿蘭那行者以須菩提實無所行而
아 란 나 행 자 이 수 보 리 실 무 소 행 이

名須菩提是樂阿蘭那行
명 수 보 리 시 요 아 란 나 행

莊嚴淨土分 第十

佛告須菩提於意云何如來昔在燃
불 고 수 보 리 어 의 운 하 여 래 석 재 연

燈佛所於法有所得不不也世尊如
등 불 소 어 법 유 소 득 부 불 야 세 존 여

來在燃燈佛所於法實無所得須菩
래 재 연 등 불 소 어 법 실 무 소 득 수 보

16

"수보리야, 어떻게 생각하느냐? 보살이 '불국토를 장엄한다' 라는 생각을 하겠느냐?"

"아닙니다, 세존이시여. 왜냐하면 '불국토를 장엄한다' 라는 것은 곧 장엄이 아니라, 그 이름이 '장엄' 이기 때문입니다."

"그러한 까닭으로 수보리야, 모든 대보살들은 반드시 다음과 같이 청정한 마음을 내어야 하느니라. 즉, 형색에 머물러서 마음을 내지 말고, 소리·냄새·맛·닿임·생각의 대상에 머물러서 마음을 내지도 말아야 하나니, 마땅히 아무 데도 집착하는 바 없이 그 마음을 낼지니라.

수보리야, 비유컨대 어떤 사람이 있어 그 사람의 몸이 '수미산왕만 하다' 라고 한다면, 어떻게 생각하느냐? 그 몸이 '크다' 라고 하겠느냐?"

提 於 意 云 何 菩 薩 莊 嚴 佛 土 不 不 也
리 어 의 운 하 보 살 장 엄 불 토 부 불 야

世 尊 何 以 故 莊 嚴 佛 土 者 卽 非 莊 嚴
세 존 하 이 고 장 엄 불 토 자 즉 비 장 엄

是 名 莊 嚴 是 故 須 菩 提 諸 菩 薩 摩 訶
시 명 장 엄 시 고 수 보 리 제 보 살 마 하

薩 應 如 是 生 淸 淨 心 不 應 住 色 生 心
살 응 여 시 생 청 정 심 불 응 주 색 생 심

不 應 住 聲 香 味 觸 法 生 心 應 無 所 住
불 응 주 성 향 미 촉 법 생 심 응 무 소 주

而 生 其 心 須 菩 提 譬 如 有 人 身 如 須
이 생 기 심 수 보 리 비 여 유 인 신 여 수

彌 山 王 於 意 云 何 是 身 爲 大 不 須 菩
미 산 왕 어 의 운 하 시 신 위 대 부 수 보

수보리가 대답하였습니다.

" '대단히 크다' 라고 하겠습니다, 세존이시여. 왜냐하면 부처님께서는 '참다운 진리적 몸이 아닌 몸' 을 말씀하시므로, 이를 '큰 몸' 이라 이름하신 것이기 때문입니다."

무위복승분 제 십일

"수보리야, 갠지스강에 있는 모래의 숫자만큼 수많은 갠지스강들이 있다면, 어떻게 생각하느냐? 이 모든 갠지스강들에 있어서 그 모래들의 숫자가 많지 않겠느냐?"

수보리가 대답하였습니다.

"대단히 많겠습니다, 세존이시여. 그 강들의 숫자만 하더라도 무수히 많을 텐데, 그 모든 강들에 있는 모래의 수이겠습니까?"

提言甚大世尊何以故佛說非身是
리 언 심 대 세 존 하 이 고 불 설 비 신 시

名大身
명 대 신

無爲福勝分 第十一

須菩提如恒河中所有沙數如是沙
수 보 리 여 항 하 중 소 유 사 수 여 시 사

等恒河於意云何是諸恒河沙寧爲
등 항 하 어 의 운 하 시 제 항 하 사 영 위

多不須菩提言甚多世尊但諸恒河
다 부 수 보 리 언 심 다 세 존 단 제 항 하

尙多無數何況其沙須菩提我今實
상 다 무 수 하 황 기 사 수 보 리 아 금 실

18

"수보리야, 내가 지금 진실로 말하노니, 만약에 어떤 선남자 선여인 즉 착한 보살이 있어서, 일곱 가지 종류의 보물, 즉 칠보를 그 무수한 강들의 모래 수만큼 많은 삼천대천세계에 가득히 채워서 보시한다면, 그 복덕이 많지 않겠느냐?"

수보리가 대답하였습니다.

"대단히 많겠습니다, 세존이시여."

부처님께서 수보리에게 이르시었습니다.

"만약 어떤 선남자 선여인이 이 경의 전체 가운데서나 내지는 받아 지닌 네 구절의 게송 등을 다른 사람을 위해 설하여 주면, 이 복덕은 앞에서의 칠보를 보시한 복덕보다 훨씬 더 수승하리라."

言告汝若有善男子善女人以七寶
언 고 여 약 유 선 남 자 선 여 인 이 칠 보

滿爾所恒河沙數三千大千世界以
만 이 소 항 하 사 수 삼 천 대 천 세 계 이

用布施得福多不須菩提言甚多世
용 보 시 득 복 다 부 수 보 리 언 심 다 세

尊佛告須菩提若善男子善女人於
존 불 고 수 보 리 약 선 남 자 선 여 인 어

此經中乃至受持四句偈等爲他人
차 경 중 내 지 수 지 사 구 게 등 위 타 인

說而此福德勝前福德
설 이 차 복 덕 승 전 복 덕

존중정교분 제 십이

"또한 수보리야, 어디서나 이 경 전체 내지는 네 구절의 게송 등을 설한다면, 마땅히 알아라. 이 곳은 온 세계의 하늘사람·인간·아수라들이 모두 응당 공양하기를 부처님의 탑에 공양하듯 할 것이어늘, 하물며 어떤 사람이 끝까지 경을 받아 지니며, 읽고 외우는 것에 있어서랴?

수보리야, 마땅히 알아라. 이 사람은 가장 높고 제일 가는 거룩한 법을 성취할 것이니, 만약 이 경전이 있는 곳은 곧 부처님과 훌륭한 제자가 계신 곳이 되느니라."

復次須菩提隨說是經乃至四句偈
부 차 수 보 리 수 설 시 경 내 지 사 구 게

等當知此處一切世間天人阿修羅
등 당 지 차 처 일 체 세 간 천 인 아 수 라

皆應供養如佛塔廟何況有人盡能
개 응 공 양 여 불 탑 묘 하 황 유 인 진 능

受持讀誦須菩提當知是人成就最
수 지 독 송 수 보 리 당 지 시 인 성 취 최

上第一希有之法若是經典所在之
상 제 일 희 유 지 법 약 시 경 전 소 재 지

處卽爲有佛若尊重弟子
처 즉 위 유 불 약 존 중 제 자

如法受持分 第十三

그때 수보리가 부처님께 사뢰었습니다.

"세존이시여, 이 경의 이름을 마땅히 무엇이라 하며,
우리들이 어떻게 받들어 지녀야 하겠습니까?"

부처님께서 수보리에게 이르시었습니다.

"이 경의 이름은 '금강반야바라밀경'이니, 반드시 이 이름의 글자 그대로 받들어 지닐지니라.
어떤 연유인고 하면 수보리야, 부처님께서 설하신 '반야바라밀'은 반야바라밀이 아니라 그 이름이 '반야바라밀'인 까닭이니라.

수보리야, 어떻게 생각하느냐?
여래께서 설하신 바 법이 있겠느냐?"

爾時須菩提白佛言世尊當何名此
이 시 수 보 리 백 불 언 세 존 당 하 명 차

經我等云何奉持佛告須菩提是經
경 아 등 운 하 봉 지 불 고 수 보 리 시 경

名爲金剛般若波羅蜜以是名字汝
명 위 금 강 반 야 바 라 밀 이 시 명 자 여

當奉持所以者何須菩提佛說般若
당 봉 지 소 이 자 하 수 보 리 불 설 반 야

波羅蜜卽非般若波羅蜜是名般若
바 라 밀 즉 비 반 야 바 라 밀 시 명 반 야

波羅蜜須菩提於意云何如來有所
바 라 밀 수 보 리 어 의 운 하 여 래 유 소

수보리가 부처님께 사뢰었습니다.

"세존이시여, 여래께서 설하신 바 법이 없습니다."

"수보리야, 어떻게 생각하느냐? 삼천대천세계에 있는 바 티끌을 많다고 하겠느냐?"

수보리가 대답하였습니다.

"대단히 많겠습니다, 세존이시여."

"수보리야, 모든 '티끌'은 여래께서 설하시되, 티끌이 아니라 그 이름이 '티끌' 이라 하시었느니라. 여래께서 설하시되, '세계' 도 세계가 아니라 그 이름이 '세계' 라 하셨느니라. 수보리야, 어떻게 생각하느냐? 32상의 형상으로써 '참 부처님' 을 볼 수 있겠느냐?"

說法不須菩提白佛言世尊如來無
설　법　부　수　보　리　백　불　언　세　존　여　래　무

所說須菩提於意云何三千大千世
소　설　수　보　리　어　의　운　하　삼　천　대　천　세

界所有微塵是爲多不須菩提言甚
계　소　유　미　진　시　위　다　부　수　보　리　언　심

多世尊須菩提諸微塵如來說非微
다　세　존　수　보　리　제　미　진　여　래　설　비　미

塵是名微塵如來說世界非世界是
진　시　명　미　진　여　래　설　세　계　비　세　계　시

名世界須菩提於意云何可以三十
명　세　계　수　보　리　어　의　운　하　가　이　삼　십

二相見如來不不也世尊不可以三
이　상　견　여　래　부　불　야　세　존　불　가　이　삼

"볼 수 없습니다, 세존이시여. 32상의 형상으로는 '참 부처님'을 볼 수 없습니다. 왜냐하면 여래께서 설하시되, '32상의 형상은 상이 아니라 그 이름이 32상이다' 라고 하셨기 때문입니다."

"수보리야, 만약에 어떤 선남자 선여인 즉 착한 보살이 있어, 저 갠지스강 모래의 숫자만큼이나 많은 몸과 목숨으로써 보시를 하여도, 만일 또 어떤 사람이 있어서, 이 경 전체 가운데서나 내지는 받아 지닌 네 구절의 게송 등을 다른 사람을 위해 설하여 주면, 그 복이 훨씬 더 많으리라."

十二相得見如來何以故如來說三
십 이 상 득 견 여 래 하 이 고 여 래 설 삼

十二相卽是非相是名三十二相須
십 이 상 즉 시 비 상 시 명 삼 십 이 상 수

菩提若有善男子善女人以恒河沙
보 리 약 유 선 남 자 선 여 인 이 항 하 사

等身命布施若復有人於此經中乃
등 신 명 보 시 약 부 유 인 어 차 경 중 내

至受持四句偈等爲他人說其福甚
지 수 지 사 구 게 등 위 타 인 설 기 복 심

多
다

離相寂滅分 第十四

그때 수보리가 금강경 설하시는 것을 듣고, 깊이 그 뜻을 이해하고 감격하여 흐느껴 울면서 부처님께 사뢰었습니다.

"참으로 경이롭습니다, 세존이시여. 부처님께서 이렇게 뜻이 깊고 깊은 경전을 설하시는 것은 제가 지금까지 얻은 바 지혜의 눈으로써는 일찍이 이와 같은 경을 들어 보지 못하였습니다.

세존이시여, 만약에 또 어떤 사람이 있어 이 경의 말씀을 귀담아 듣고, 믿는 마음이 청정하면, 우주 인생의 참다운 모습, 즉 실상을 깨닫게 될 것이니, 마땅히 이 사람은 이 세상에서 가장 경이로운 공덕을 성취하게 될 것임을 알겠습니다."

爾 時 須 菩 提 聞 說 是 經 深 解 義 趣 涕
이 시 수 보 리 문 설 시 경 심 해 의 취 체

淚 悲 泣 而 白 佛 言 希 有 世 尊 佛 說 如
루 비 읍 이 백 불 언 희 유 세 존 불 설 여

是 甚 深 經 典 我 從 昔 來 所 得 慧 眼 未
시 심 심 경 전 아 종 석 래 소 득 혜 안 미

曾 得 聞 如 是 之 經 世 尊 若 復 有 人 得
증 득 문 여 시 지 경 세 존 약 부 유 인 득

聞 是 經 信 心 淸 淨 卽 生 實 相 當 知 是
문 시 경 신 심 청 정 즉 생 실 상 당 지 시

人 成 就 第 一 希 有 功 德 世 尊 是 實 相
인 성 취 제 일 희 유 공 덕 세 존 시 실 상

"세존이시여, 이 '실상'이라는 것은 곧 상이 아닙니다. 그러한 까닭으로 여래께서 설하시되, 그 이름이 '실상'이라고 하셨습니다. 세존이시여, 제가 지금에 이 경의 말씀을 귀담아듣고, 믿고 이해하여 받아 지니는 것은 어렵지 않습니다. 하지만 만약 장차 다가올 이천오백 년 후의 세상에서 그 어떤 중생이 있어, 이 경을 귀담아듣고서 믿고 이해하여 받아 지닌다면, 이 사람의 행위는 이 세상에서 가장 경이로운 일이 되겠습니다. 왜냐하면 이 사람은 아상·인상·중생상·수자상이 없기 때문입니다. 어떤 연유인고 하면, 아상은 곧 상이 아니요, 인상·중생상·수자상도 곧 상이 아닌 까닭입니다"

者即是非相是故如來說名實相世
자 즉 시 비 상 시 고 여 래 설 명 실 상 세

尊我今得聞如是經典信解受持不
존 아 금 득 문 여 시 경 전 신 해 수 지 부

足爲難若當來世後五百歲其有衆
족 위 난 약 당 내 세 후 오 백 세 기 유 중

生得聞是經信解受持是人即爲第
생 득 문 시 경 신 해 수 지 시 인 즉 위 제

一希有何以故此人無我相無人相
일 희 유 하 이 고 차 인 무 아 상 무 인 상

無衆生相無壽者相所以者何我相
무 중 생 상 무 수 자 상 소 이 자 하 아 상

即是非相人相衆生相壽者相即是
즉 시 비 상 인 상 중 생 상 수 자 상 즉 시

"왜냐하면 일체의 모든 상에서 벗어나야, 곧 '부처님 경지' 라고 이름하기 때문입니다."

부처님께서 수보리에게 이르시었습니다.

"그러하니라, 그러하니라. 만약에 또 어떤 사람이 있어, 이 경을 귀담아듣고서 놀라지도 않고, 겁내지도 않으며, 두려워하지도 않는다면, 이 사람은 참으로 경이로운 사람임을 알아야 하느니라. 왜냐하면 수보리야, 여래께서 설하신 '제일바라밀'은 제일바라밀이 아니라 그 이름이 '제일바라밀' 이기 때문이니라.

수보리야, '인욕바라밀'도 여래께서 설하시되, 인욕바라밀이 아니라 그 이름이 '인욕바라밀' 이라고 하셨느니라."

非相何以故離一切諸相卽名諸佛
비 상 하 이 고 이 일 체 제 상 즉 명 제 불

佛告須菩提如是如是若復有人得
불 고 수 보 리 여 시 여 시 약 부 유 인 득

聞是經不驚不怖不畏當知是人甚
문 시 경 불 경 불 포 불 외 당 지 시 인 심

爲希有何以故須菩提如來說第一
위 희 유 하 이 고 수 보 리 여 래 설 제 일

波羅蜜卽非第一波羅蜜是名第一
바 라 밀 즉 비 제 일 바 라 밀 시 명 제 일

波羅蜜須菩提忍辱波羅蜜如來說
바 라 밀 수 보 리 인 욕 바 라 밀 여 래 설

非忍辱波羅蜜是名忍辱波羅蜜何
비 인 욕 바 라 밀 시 명 인 욕 바 라 밀 하

"왜냐하면 수보리야, 내가 옛날 가리왕에게 몸을 베이고 잘리고 할 그때에도 나에게는 아상이 없었으며, 인상도 없었고, 중생상도 없었고, 수자상도 없었기 때문이니라. 왜냐하면 내가 지난 그때에 마디마디와 사지가 찢길 때, 만약 아상이나 인상·중생상·수자상이 있었더라면, 응당 성내고 원망하는 마음을 내었을 것이기 때문이니라. 수보리야, 또 저 옛날 오백세에 욕됨을 참는 신선이었던 때를 생각하니, 그 세상에서도 아상·인상·중생상·수자상이 없었느니라."

以故須菩提如我昔爲歌利王割截
이 고 수 보 리 여 아 석 위 가 리 왕 할 절

身體我於爾時無我相無人相無衆
신 체 아 어 이 시 무 아 상 무 인 상 무 중

生相無壽者相何以故我於往昔
생 상 무 수 자 상 하 이 고 아 어 왕 석 절

節支解時若有我相人相衆生相壽
절 지 해 시 약 유 아 상 인 상 중 생 상 수

者相應生瞋恨須菩提又念過去於
자 상 응 생 진 한 수 보 리 우 념 과 거 어

五百世作忍辱仙人於爾所世無我
오 백 세 작 인 욕 선 인 어 이 소 세 무 아

相無人相無衆生相無壽者相是故
상 무 인 상 무 중 생 상 무 수 자 상 시 고

"그러한 까닭으로 수보리야, 보살은 마땅히 일체의 상을 떠나서 '아뇩다라삼먁삼보리, 즉 부처님 세계에 들겠다' 라는 마음을 내어야 하느니라. 마땅히 형색에 머물러 마음을 내지 말며, 소리·냄새·맛·닿임·생각의 대상에 머물러 마음을 내지 말지니라. 마땅히 머무름이 없는 마음을 내어야 하느니라. 만약에 마음에 머무름이 있다면 곧 머무름이 아니니라. 그러한 까닭으로 부처님께서 설하시되, '보살은 마음을 형색에 머물러서 보시를 하지 않는다' 라고 하셨느니라. 수보리야, 보살은 일체중생을 이익되게 하기 위하여 마땅히 이와 같이 보시를 해야 하느니라. 여래께서 설하시되, '일체의 모든 상은 곧 상이 아니다' 라고 하셨으며, 또 말씀하시기를 '일체중

須菩提菩薩應離一切相發阿耨多
수 보 리 보 살 응 리 일 체 상 발 아 뇩 다

羅三藐三菩提心不應住色生心不
라 삼 먁 삼 보 리 심 불 응 주 색 생 심 불

應住聲香味觸法生心應生無所住
응 주 성 향 미 촉 법 생 심 응 생 무 소 주

心若心有住卽爲非住是故佛說菩
심 약 심 유 주 즉 위 비 주 시 고 불 설 보

薩心不應住色布施須菩提菩薩爲
살 심 불 응 주 색 보 시 수 보 리 보 살 위

利益一切衆生應如是布施如來說
이 익 일 체 중 생 응 여 시 보 시 여 래 설

一切諸相卽是非相又說一切衆生
일 체 제 상 즉 시 비 상 우 설 일 체 중 생

생은 곧 중생이 아니다'라고 하
셨느니라.

수보리야, 여래는 '참된 말'을
하시는 분이며, '실다운 말'을
하시는 분이며, '있는 그대로의
말'을 하시는 분이며, '속이지
않는 말'을 하시는 분이며, '다
르지 않은 말'을 하시는 분이니
라. 수보리야, 여래께서 얻으신
이 법은 실다움도 없고, 헛됨도
없느니라.

수보리야, 만약 보살이 마음을
법에 머물러 보시를 하면, 사람
이 어둠 속으로 들어가서 그 무
엇도 볼 수가 없는 것과 같으니
라. 만약 보살이 마음을 법에 머
무르지 않고 보시를 하면, 사람
에게 눈이 있고 빛이 있어 여러
가지 모양을 보는 것과 같으니
라. 수보리야, 장차 다가올 그 세
상에 만일 선남자 선여인, 즉 착

卽非衆生須菩提如來是眞語者實
즉 비 중 생 수 보 리 여 래 시 진 어 자 실

語者如語者不誑語者不異語者須
어 자 여 어 자 불 광 어 자 불 이 어 자 수

菩提如來所得法此法無實無虛須
보 리 여 래 소 득 법 차 법 무 실 무 허 수

菩提若菩薩心住於法而行布施如
보 리 약 보 살 심 주 어 법 이 행 보 시 여

人入闇卽無所見若菩薩心不住法
인 입 암 즉 무 소 견 약 보 살 심 부 주 법

而行布施如人有目日光明照見種
이 행 보 시 여 인 유 목 일 광 명 조 견 종

種色須菩提當來之世若有善男子
종 색 수 보 리 당 래 지 세 약 유 선 남 자

한 보살이 있어서, 능히 이 경을 받아 지니며 읽고 외우면, 곧 여래께서 부처님 지혜로써 이 사람들을 다 아시고, 이 사람들을 다 보셔서, 모두가 한량없고 끝이 없는 공덕을 성취케 하시느니라."

지경공덕분 제 십오

"수보리야, 만약에 선남자 선여인, 즉 착한 보살들이 있어서, 아침에 갠지스강 모래의 숫자만큼 몸을 바쳐 보시하고, 낮에도 갠지스강 모래의 숫자만큼 몸을 바쳐 보시하고,

善女人能於此經受持讀誦即爲如
선 여 인 능 어 차 경 수 지 독 송 즉 위 여

來以佛智慧悉知是人悉見是人皆
래 이 불 지 혜 실 지 시 인 실 견 시 인 개

得成就無量無邊功德
득 성 취 무 량 무 변 공 덕

持經功德分 第十五

須菩提若有善男子善女人初日分
수 보 리 약 유 선 남 자 선 여 인 초 일 분

以恒河沙等身布施中日分復以恒
이 항 하 사 등 신 보 시 중 일 분 부 이 항

河沙等身布施後日分亦以恒河沙
하 사 등 신 보 시 후 일 분 역 이 항 하 사

30

저녁에도 또한 갠지스강의 모래 수만큼의 숫자로 몸을 바쳐 보시를 하는데, 이렇게 하여 한량없는 백천만억 겁의 세월 동안 몸으로 보시하더라도, 만약 또 어떤 사람이 있어서, 이 금강경 법문을 듣고, 믿는 마음으로 거역하지만 않는다면, 그 복덕이 몸을 바쳐 보시하는 것보다 훨씬 수승하거늘, 하물며 경전 내용을 사경 하고, 받아 지녀 읽고 외우며, 다른 사람을 위해 설명해 주는 것들에 있어서랴? 수보리야, 중요한 것을 말하건대 이 경에는 생각할 수도 없고, 그 양을 말로 할 수도 없는, 끝이 없는 공덕이 있느니라. 여래께서는 대승의 마음을 낸 이를 위하여 이 경을 설하셨으며, 가장 높은 마음을 낸 이를 위하여 이 경을 설하셨느니라. 만약에 어떤 사람이 있어, 이

等 身 布 施 如 是 無 量 百 千 萬 億 劫 以
등 신 보 시 여 시 무 량 백 천 만 억 겁 이

身 布 施 若 復 有 人 聞 此 經 典 信 心 不
신 보 시 약 부 유 인 문 차 경 전 신 심 불

逆 其 福 勝 彼 何 況 書 寫 受 持 讀 誦 爲
역 기 복 승 피 하 황 서 사 수 지 독 송 위

人 解 說 須 菩 提 以 要 言 之 是 經 有 不
인 해 설 수 보 리 이 요 언 지 시 경 유 불

可 思 議 不 可 稱 量 無 邊 功 德 如 來 爲
가 사 의 불 가 칭 량 무 변 공 덕 여 래 위

發 大 乘 者 說 爲 發 最 上 乘 者 說 若 有
발 대 승 자 설 위 발 최 상 승 자 설 약 유

人 能 受 持 讀 誦 廣 爲 人 說 如 來 悉 知
인 능 수 지 독 송 광 위 인 설 여 래 실 지

경전을 받아 지녀 읽고 외우며, 여러 사람들에게 말하여 주면, 여래께서 이 사람들을 다 아시고, 이 사람들을 다 보서서, 모두가 한량없고 일컬을 수도 없으며 끝도 없는, 가히 생각할 수 없는 공덕을 성취케 하시느니라. 이와 같은 사람들은 곧 여래의 아뇩다라삼먁삼보리, 즉 부처님 세계 건설을 책임질 것이니라. 왜냐하면 수보리야, 소승법을 즐기는 자는 아상·인상·중생상·수자상의 소견에 집착하므로, 이 경을 알아들을 수도 없고, 받아 지녀 읽고 외울 수도 없으며, 다른 사람을 위해 설명하여 줄 수도 없기 때문이니라.

수보리야, 어디든지 이 경이 있으면 온 세계의 하늘사람·

是 人 悉 見 是 人 皆 得 成 就 不 可 量 不
시 인 실 견 시 인 개 득 성 취 불 가 량 불

可 稱 無 有 邊 不 可 思 議 功 德 如 是 人
가 칭 무 유 변 불 가 사 의 공 덕 여 시 인

等 卽 爲 荷 擔 如 來 阿 耨 多 羅 三 藐 三
등 즉 위 하 담 여 래 아 뇩 다 라 삼 먁 삼

菩 提 何 以 故 須 菩 提 若 樂 小 法 者 着
보 리 하 이 고 수 보 리 약 요 소 법 자 착

我 見 人 見 衆 生 見 壽 者 見 卽 於 此 經
아 견 인 견 중 생 견 수 자 견 즉 어 차 경

不 能 聽 受 讀 誦 爲 人 解 說 須 菩 提 在
불 능 청 수 독 송 위 인 해 설 수 보 리 재

在 處 處 若 有 此 經 一 切 世 間 天 人 阿
재 처 처 약 유 차 경 일 체 세 간 천 인 아

인간·아수라들이 응당 공양을 올리리니, 마땅히 알아라. 이곳은 부처님의 탑과 같으므로, 모두가 응당 공경스럽게 예를 올리며, 주위를 돌면서 온갖 꽃과 향을 그곳에 뿌리리라."

능정업장분 제 십육

"또한 수보리야, 선남자 선여인이 이 금강경을 받아 지니며 읽고 외우는데도 만약 남에게 업신여김을 당한다면, 이 사람은 전생에 지은 죄업으로 마땅히 악도에 떨어져야 하지만, 금생의 사람들이 업신여김으로써 전생의 죄업이

修羅所應供養當知此處卽爲是塔
수 라 소 응 공 양 당 지 차 처 즉 위 시 탑

皆應恭敬作禮圍繞以諸華香而散
개 응 공 경 작 례 위 요 이 제 화 향 이 산

其處
기 처

能淨業障分 第十六

復次須菩提善男子善女人受持讀
부 차 수 보 리 선 남 자 선 여 인 수 지 독

誦此經若爲人輕賤是人先世罪業
송 차 경 약 위 인 경 천 시 인 선 세 죄 업

應墮惡道以今世人輕賤故先世罪
응 타 악 도 이 금 세 인 경 천 고 선 세 죄

모두 소멸되고 마땅히 아뇩다라 삼먁삼보리를 얻을 것이니라.

수보리야, 내가 과거 한량없는 아승지 겁을 생각해 보니, 연등 부처님을 뵙기 전에 팔백사천만 억 나유타의 여러 부처님을 만 나 모두 다 공양 올리고 받들어 섬겼으며, 헛되이 지냄이 없었 느니라.

만약에 또 어떤 사람이 있어, 이 다음 말법 세상에서 능히 이 경 을 받아 지니며 읽고 외우면, 그 얻는 공덕은 내가 여러 부처님 께 공양한 공덕으로는 백 분의 일, 백천만억 분의 일에도 미치 지 못할 뿐만 아니라, 헤아림이 나 비유로는 능히 미치지 못하 느니라."

業卽爲消滅當得阿耨多羅三藐三
업 즉 위 소 멸 당 득 아 뇩 다 라 삼 먁 삼

菩提須菩提我念過去無量阿僧祇
보 리 수 보 리 아 념 과 거 무 량 아 승 지

劫於燃燈佛前得値八百四千萬億
겁 어 연 등 불 전 득 치 팔 백 사 천 만 억

那由他諸佛悉皆供養承事無空過
나 유 타 제 불 실 개 공 양 승 사 무 공 과

者若復有人於後末世能受持讀誦
자 약 부 유 인 어 후 말 세 능 수 지 독 송

此經所得功德於我所供養諸佛功
차 경 소 득 공 덕 어 아 소 공 양 제 불 공

德百分不及一千萬億分乃至算數
덕 백 분 불 급 일 천 만 억 분 내 지 산 수

"수보리야, 만약 선남자 선여인이 이 다음 말법 세상에서 이 경을 받아 지니며 읽고 외워서 얻는 공덕을 내가 다 갖추어 말한다면, 혹 어떤 사람은 마음이 몹시 산란하여 의심하고 믿지 아니하리라.

수보리야, 마땅히 알아라. 이 경은 뜻도 가히 생각할 수 없고, 과보도 또한 가히 생각할 수 없느니라."

구경무아분 제 십칠

그때 수보리가 부처님께 사뢰었습니다.

譬喻所不能及須菩提若善男子善
비 유 소 불 능 급 수 보 리 약 선 남 자 선

女人於後末世有受持讀誦此經所
여 인 어 후 말 세 유 수 지 독 송 차 경 소

得功德我若具說者或有人聞心卽
득 공 덕 아 약 구 설 자 혹 유 인 문 심 즉

狂亂狐疑不信須菩提當知是經義
광 난 호 의 불 신 수 보 리 당 지 시 경 의

不可思議果報亦不可思議
불 가 사 의 과 보 역 불 가 사 의

究竟無我分 第十七

爾時須菩提白佛言世尊善男子善
이 시 수 보 리 백 불 언 세 존 선 남 자 선

"세존이시여, 선남자 선여인이 아뇩다라삼먁삼보리심을 내고는 어떻게 머물러야 하며, 어떻게 그 마음을 항복 받아야 겠습니까?"

부처님께서 수보리에게 이르시었습니다.

"만약에 선남자 선여인이 아뇩다라삼먁삼보리심을 내었거든, 마땅히 이러한 마음, 즉 '내가 응당 일체중생을 멸도하리라'라는 마음을 낼지니라. '일체중생을 멸도한다'라고는 하지만 실지로는 한 중생도 멸도될 이가 없느니라. 왜냐하면 수보리야, 만약에 보살이 아상·인상·중생상·수자상이 있으면 보살이 아니기 때문이니라."

女人發阿耨多羅三藐三菩提心云
여 인 발 아 뇩 다 라 삼 먁 삼 보 리 심 운

何應住云何降伏其心佛告須菩提
하 응 주 운 하 항 복 기 심 불 고 수 보 리

若善男子善女人發阿耨多羅三藐
약 선 남 자 선 여 인 발 아 뇩 다 라 삼 먁

三菩提心者當生如是心我應滅度
삼 보 리 심 자 당 생 여 시 심 아 응 멸 도

一切衆生滅度一切衆生已而無有
일 체 중 생 멸 도 일 체 중 생 이 이 무 유

一衆生實滅度者何以故須菩提若
일 중 생 실 멸 도 자 하 이 고 수 보 리 약

菩薩有我相人相衆生相壽者相卽
보 살 유 아 상 인 상 중 생 상 수 자 상 즉

36

"어떤 연유인고 하면 수보리야, 실지로 법이 있어서 아뇩다라삼먁삼보리심을 발한 것이 아닌 까닭이니라.
수보리야, 어떻게 생각하느냐? 여래께서 연등불 처소에서 법이 있어 아뇩다라삼먁삼보리를 얻으셨느냐?"
"아닙니다, 세존이시여. 제가 부처님께서 설하신 말씀의 뜻을 이해하기로는, 부처님께서는 연등불 처소에서 법이 있어 아뇩다라삼먁삼보리를 얻으신 것이 아닙니다."
부처님께서 말씀하셨습니다.
"그러하니라, 그러하니라. 수보리야, 실지로 법이 있어서 여래께서 아뇩다라삼먁삼보리를 얻으신 것이 아니니라."

非菩薩所以者何須菩提實無有法
비 보 살 소 이 자 하 수 보 리 실 무 유 법

發阿耨多羅三藐三菩提心者須菩
발 아 뇩 다 라 삼 먁 삼 보 리 심 자 수 보

提於意云何如來於燃燈佛所有法
리 어 의 운 하 여 래 어 연 등 불 소 유 법

得阿耨多羅三藐三菩提不不也世
득 아 뇩 다 라 삼 먁 삼 보 리 부 불 야 세

尊如我解佛所說義佛於燃燈佛所
존 여 아 해 불 소 설 의 불 어 연 등 불 소

無有法得阿耨多羅三藐三菩提佛
무 유 법 득 아 뇩 다 라 삼 먁 삼 보 리 불

言如是如是須菩提實無有法如來
언 여 시 여 시 수 보 리 실 무 유 법 여 래

"수보리야, 만일 '법이 있어서 여래께서 아뇩다라삼먁삼보리를 얻으셨다'라고 한다면, 연등 부처님께서 곧 나에게 수기를 주시면서, '너는 내세에 마땅히 부처를 이루리니, 호를 석가모니라 하리라' 라고 하시지 않았으려니와, 실지로 법이 있어서 아뇩다라삼먁삼보리를 얻은 것이 아니니라. 그러한 까닭으로 연등 부처님께서 나에게 수기를 주시면서 말씀하시되, '너는 내세에 마땅히 부처를 이루리니, 호를 석가모니라 하리라' 라고 하셨느니라."

得阿耨多羅三藐三菩提須菩提若
득 아 뇩 다 라 삼 먁 삼 보 리 수 보 리 약

有法如來得阿耨多羅三藐三菩提
유 법 여 래 득 아 뇩 다 라 삼 먁 삼 보 리

者燃燈佛即不與我授記汝於來世
자 연 등 불 즉 불 여 아 수 기 여 어 내 세

當得作佛號釋迦牟尼以實無有法
당 득 작 불 호 석 가 모 니 이 실 무 유 법

得阿耨多羅三藐三菩提是故燃燈
득 아 뇩 다 라 삼 먁 삼 보 리 시 고 연 등

佛與我授記作是言汝於來世當得
불 여 아 수 기 작 시 언 여 어 내 세 당 득

作佛號釋迦牟尼何以故如來者即
작 불 호 석 가 모 니 하 이 고 여 래 자 즉

"왜냐하면 '여래'라 함은, 곧 '모든 법에 여여하다'라는 뜻이기 때문이니라. 만약에 어떤 사람이 있어, '여래께서 아뇩다라삼먁삼보리를 얻으셨다'라고 말하더라도, 수보리야 실지로 법이 있어 부처님께서 아뇩다라삼먁삼보리를 얻으신 것이 아니니라. 수보리야, 여래께서 얻으신 바 아뇩다라삼먁삼보리 가운데는 실다움도 없고 헛됨도 없느니라. 그러한 까닭으로 여래께서 설하시되, '일체 모든 법이 다 부처님 법'이라고 하셨느니라. 수보리야, 말한 바 '일체 모든 법'이란, 곧 일체 모든 법이 아니니라. 그러한 까닭에 이름을 '일체 모든 법'이라 하느니라.

수보리야, 비유하건대 '사람의 몸이 크다'라고 하는 것과 같은 것이니라."

諸法如義若有人言如來得阿耨多
제 법 여 의 약 유 인 언 여 래 득 아 뇩 다

羅三藐三菩提須菩提實無有法佛
라 삼 먁 삼 보 리 수 보 리 실 무 유 법 불

得阿耨多羅三藐三菩提須菩提如
득 아 뇩 다 라 삼 먁 삼 보 리 수 보 리 여

來所得阿耨多羅三藐三菩提於是
래 소 득 아 뇩 다 라 삼 먁 삼 보 리 어 시

中無實無虛是故如來說一切法皆
중 무 실 무 허 시 고 여 래 설 일 체 법 개

是佛法須菩提所言一切法者即非
시 불 법 수 보 리 소 언 일 체 법 자 즉 비

一切法是故名一切法須菩提譬如
일 체 법 시 고 명 일 체 법 수 보 리 비 여

수보리가 말씀드렸습니다.

"세존이시여, 여래께서 설하신, '사람의 몸이 크다' 라는 것은 곧 큰 몸이 아니라 그 이름이 '큰 몸' 인 것입니다."

"수보리야, '보살' 도 또한 이와 같아서, 만약에 이런 말을 하되, '내가 마땅히 한량없는 중생을 멸도하리라' 라고 한다면, '보살' 이라 이름할 수 없느니라. 왜 냐하면 수보리야, 실지로 '보살' 이라고 이름할 것이 없기 때문이 니라. 그러한 까닭으로 부처님께 서 설하시되, '일체 모든 법이란 아도 없고, 인도 없고, 중생도 없 으며, 수자도 없다' 라고 하셨느 니라. 수보리야, 만약에 어떤 보 살이 이런 말을 하되, '내가 마 땅히 불국토를 장엄하리라' 라고 한다면, 이는 '보살' 이라 이름할 수 없느니라."

人身長大須菩提言世尊如來說人
인 신 장 대 수 보 리 언 세 존 여 래 설 인

身長大卽爲非大身是名大身須菩
신 장 대 즉 위 비 대 신 시 명 대 신 수 보

提菩薩亦如是若作是言我當滅度
리 보 살 역 여 시 약 작 시 언 아 당 멸 도

無量衆生卽不名菩薩何以故須菩
무 량 중 생 즉 불 명 보 살 하 이 고 수 보

提實無有法名爲菩薩是故佛說一
리 실 무 유 법 명 위 보 살 시 고 불 설 일

切法無我無人無衆生無壽者須菩
체 법 무 아 무 인 무 중 생 무 수 자 수 보

提若菩薩作是言我當莊嚴佛土是
리 약 보 살 작 시 언 아 당 장 엄 불 토 시

"왜냐하면 여래께서 설하신 '불국토를 장엄한다'라는 것은 곧 장엄이 아니라 그 이름이 '장엄'이기 때문이니라.
수보리야, 만일 보살이 '무아의 법을 통달한 자'이면, 여래께서는 이를 '참다운 보살'이라 이름하시느니라."

일체동관분 제 십팔

"수보리야, 어떻게 생각하느냐? 여래께서는 육안이 있으시냐?"
"그러하옵니다, 세존이시여. 여래께서는 육안이 있으십니다."

不名菩薩何以故如來說莊嚴佛土
불 명 보 살 하 이 고 여 래 설 장 엄 불 토

者卽非莊嚴是名莊嚴須菩提若菩
자 즉 비 장 엄 시 명 장 엄 수 보 리 약 보

薩通達無我法者如來說名眞是菩
살 통 달 무 아 법 자 여 래 설 명 진 시 보

薩
살

一體同觀分 第十八

須菩提於意云何如來有肉眼不如
수 보 리 어 의 운 하 여 래 유 육 안 부 여

是世尊如來有肉眼須菩提於意云
시 세 존 여 래 유 육 안 수 보 리 어 의 운

41

"수보리야, 어떻게 생각하느냐? 여래께서는 천안이 있으시냐?"
"그러하옵니다, 세존이시여. 여래께서는 천안이 있습니다."
"수보리야, 어떻게 생각하느냐? 여래께서는 혜안이 있으시냐?"
"그러하옵니다, 세존이시여. 여래께서는 혜안이 있으십니다."
"수보리야, 어떻게 생각하느냐? 여래께서는 법안이 있으시냐?"
"그러하옵니다, 세존이시여. 여래께서는 법안이 있으십니다."
"수보리야, 어떻게 생각하느냐? 여래께서는 불안이 있으시냐?"
"그러하옵니다, 세존이시여. 여래께서는 불안이 있으십니다."
"수보리야, 어떻게 생각하느냐? '저 갠지스강 가운데 있는 모래와 같이' 라고 하면서, 내가 '모래'를 말한 적이 있느냐?"
.

何如來有天眼不如是世尊如來有
하 여 래 유 천 안 부 여 시 세 존 여 래 유

天眼須菩提於意云何如來有慧眼
천 안 수 보 리 어 의 운 하 여 래 유 혜 안

不如是世尊如來有慧眼須菩提於
부 여 시 세 존 여 래 유 혜 안 수 보 리 어

意云何如來有法眼不如是世尊如
의 운 하 여 래 유 법 안 부 여 시 세 존 여

來有法眼須菩提於意云何如來有
래 유 법 안 수 보 리 어 의 운 하 여 래 유

佛眼不如是世尊如來有佛眼須菩
불 안 부 여 시 세 존 여 래 유 불 안 수 보

提於意云何如恒河中所有沙佛說
리 어 의 운 하 여 항 하 중 소 유 사 불 설

42

"그러하옵니다, 세존이시여. 모래를 말씀한 적이 있으십니다."

"수보리야, 어떻게 생각하느냐? 저 한 갠지스강에 있는 모래의 숫자와 같이 그렇게 많은 수의 갠지스강이 있고, 그 모든 갠지스강에 있는 바 그 모래의 숫자만큼 부처님 세계가 있다면, 그 수가 많지 않겠느냐?"

"대단히 많겠습니다, 세존이시여."

부처님께서 수보리에게 이르시었습니다.

"저 국토 가운데 있는 중생의 가지가지 종류의 마음을 여래께서는 다 아시느니라. 왜냐하면 여래께서 설하신, 모든 '마음'은 모두 마음이 아니라 그 이름이 '마음'이기 때문이니라."

是沙不如是世尊如來說是沙須菩
시 사 부 여 시 세 존 여 래 설 시 사 수 보

提於意云何如一恒河中所有沙有
리 어 의 운 하 여 일 항 하 중 소 유 사 유

如是沙等恒河是諸恒河所有沙數
여 시 사 등 항 하 시 제 항 하 소 유 사 수

佛世界如是寧爲多不甚多世尊佛
불 세 계 여 시 영 위 다 부 심 다 세 존 불

告須菩提爾所國土中所有衆生若
고 수 보 리 이 소 국 토 중 소 유 중 생 약

干種心如來悉知何以故如來說諸
간 종 심 여 래 실 지 하 이 고 여 래 설 제

心皆爲非心是名爲心所以者何須
심 개 위 비 심 시 명 위 심 소 이 자 하 수

43

"어떤 연유인고 하면 수보리야, 과거의 마음도 얻을 수 없고, 현재의 마음도 얻을 수 없으며, 미래의 마음도 얻을 수 없는 까닭이니라."

법계통화분 제 십구

"수보리야, 어떻게 생각하느냐? 만약에 어떤 사람이 있어, 삼천대천세계에 칠보를 가득히 채워서 보시한다면, 이 사람은 이 인연으로 복을 많이 얻겠느냐?"

"그렇습니다, 세존이시여. 그 사람은 이 인연으로 복을 대단히 많이 얻겠습니다."

菩提過去心不可得現在心不可得
보 리 과 거 심 불 가 득 현 재 심 불 가 득

未來心不可得
미 래 심 불 가 득

法界通化分 第十九

須菩提於意云何若有人滿三千大
수 보 리 어 의 운 하 약 유 인 만 삼 천 대

千世界七寶以用布施是人以是因
천 세 계 칠 보 이 용 보 시 시 인 이 시 인

緣得福多不如是世尊此人以是因
연 득 복 다 부 여 시 세 존 차 인 이 시 인

緣得福甚多須菩提若福德有實如
연 득 복 심 다 수 보 리 약 복 덕 유 실 여

44

"수보리야, 만약 복덕이 실다움이 있을진댄 여래께서 '복덕을 얻음이 많다'라고 말씀하지 않으시련만, 복덕이 없는 까닭에 여래께서는 '복덕을 얻음이 많다'라고 말씀하시느니라."

來不說得福德多以福德無故如來
래 불 설 득 복 덕 다 이 복 덕 무 고 여 래

說得福德多
설 득 복 덕 다

이색이상분 제 이십

離色離相分 第二十

"수보리야, 어떻게 생각하느냐? 부처님을 구족한 색신으로써 볼 수 있겠느냐?"

"볼 수 없습니다, 세존이시여. 여래를 구족한 색신으로써 볼 수 없습니다. 왜냐하면 여래께서 설하신 '구족한 색신'은 곧 구족한 색신이 아니라 그 이름이 '구족한 색신'이기 때문입니다."

須菩提於意云何佛可以具足色身
수 보 리 어 의 운 하 불 가 이 구 족 색 신

見不不也世尊如來不應以具足色
견 부 불 야 세 존 여 래 불 응 이 구 족 색

身見何以故如來說具足色身卽非
신 견 하 이 고 여 래 설 구 족 색 신 즉 비

具足色身是名具足色身須菩提於
구 족 색 신 시 명 구 족 색 신 수 보 리 어

"수보리야, 어떻게 생각하느냐?
여래를 모든 상이 구족한 것으로
써 볼 수 있겠느냐?"

"볼 수 없습니다, 세존이시여.
여래를 '모든 상이 구족한 것'으
로써 볼 수 없습니다. 왜냐하면
여래께서 설하신 '모든 상의 구
족함'은 곧 구족이 아니라 그 이
름이 '모든 상의 구족함'이기 때
문입니다."

비설소설분 제 이십일

"수보리야, 너는 여래께서 이런
생각, 즉 '내가 마땅히 설한 바
법이 있다'라는 생각을 하신다
고 말하지 말라. 이러한 생각을
짓지 말지니, 왜냐하면 만약에
어떤 사람이

意云何如來可以具足諸相見不不
의 운 하 여 래 가 이 구 족 제 상 견 부 불

也世尊如來不應以具足諸相見何
야 세 존 여 래 불 응 이 구 족 제 상 견 하

以故如來說諸相具足卽非具足是
이 고 여 래 설 제 상 구 족 즉 비 구 족 시

名諸相具足
명 제 상 구 족

非說所說分 第二十一

須菩提汝勿謂如來作是念我當有
수 보 리 여 물 위 여 래 작 시 념 아 당 유

所說法莫作是念何以故若人言如
소 설 법 막 작 시 념 하 이 고 약 인 언 여

'여래께서 설하신 바 법이 있다'라고 말한다면, 이는 곧 부처님을 비방하는 것이 되기 때문이니라. 능히 내가 설한 바를 이해하지 못한 까닭이니라.

수보리야, 설법이라는 것은 '법을 가히 설할 것이 없음'을 이름하여 '설법'이라 하느니라."

그때 혜명 수보리가 부처님께 말씀드렸습니다.

"세존이시여, 자못 어떤 중생이 미래세에 이 법 설하시는 것을 듣고, 믿는 마음을 내겠습니까?"

부처님께서 말씀하셨습니다.

"저들은 '중생'이 아니며 '중생 아님'도 아니니라. 왜냐하면 수보리야, 중생을 '중생'이라 한 것은 여래께서 설하시되, 중생이 아니라 그 이름이 '중생'이라 하셨기 때문이니라."

來有所說法卽爲謗佛不能解我所
래 유 소 설 법 즉 위 방 불 불 능 해 아 소

說故須菩提說法者無法可說是名
설 고 수 보 리 설 법 자 무 법 가 설 시 명

說法爾時慧命須菩提白佛言世尊
설 법 이 시 혜 명 수 보 리 백 불 언 세 존

頗有衆生於未來世聞說是法生信
파 유 중 생 어 미 래 세 문 설 시 법 생 신

心不佛言須菩提彼非衆生非不衆
심 부 불 언 수 보 리 피 비 중 생 비 불 중

生何以故須菩提衆生衆生者如來
생 하 이 고 수 보 리 중 생 중 생 자 여 래

說非衆生是名衆生
설 비 중 생 시 명 중 생

無法可得分 第二十二

수보리가 부처님께 사뢰었습니다.

"세존이시여, 부처님께서 아뇩다라삼먁삼보리를 얻으신 것은 '얻은 바 없음' 이 됩니다."

부처님께서 말씀하셨습니다.

"그러하니라, 그러하니라. 수보리야, 내가 아뇩다라삼먁삼보리 내지는 작은 법이라도 가히 얻음이 없으므로, 이를 '아뇩다라삼먁삼보리' 라 이름하는 것이니라."

須菩提白佛言世尊佛得阿耨多羅
수 보 리 백 불 언 세 존 불 득 아 뇩 다 라

三藐三菩提爲無所得耶佛言如是
삼 먁 삼 보 리 위 무 소 득 야 불 언 여 시

如是須菩提我於阿耨多羅三藐三
여 시 수 보 리 아 어 아 뇩 다 라 삼 먁 삼

菩提乃至無有少法可得是名阿耨
보 리 내 지 무 유 소 법 가 득 시 명 아 뇩

多羅三藐三菩提
다 라 삼 먁 삼 보 리

淨心行善分 第二十三

"또한 수보리야, 이 법은 평등하여 높고 낮음이 없으므로 '아뇩다라삼먁삼보리'라 이름하느니라. 아도 없고 인도 없고 중생도 없고 수자도 없이 모든 착한 법, 즉 일체 선법을 닦으면, 곧 아뇩다라삼먁삼보리를 얻느니라. 수보리야, 말한 바 '선법'이라는 것은 여래께서 설하시되, 곧 선법이 아니라 그 이름이 '선법'이라 하셨느니라."

復次須菩提是法平等無有高下是
부 차 수 보 리 시 법 평 등 무 유 고 하 시

名阿耨多羅三藐三菩提以無我無
명 아 뇩 다 라 삼 먁 삼 보 리 이 무 아 무

人無衆生無壽者修一切善法卽得
인 무 중 생 무 수 자 수 일 체 선 법 즉 득

阿耨多羅三藐三菩提須菩提所言
아 뇩 다 라 삼 먁 삼 보 리 수 보 리 소 언

善法者如來說卽非善法是名善法
선 법 자 여 래 설 즉 비 선 법 시 명 선 법

福智無比分 第二十四

"수보리야, 만약에 삼천대천세계 가운데 있는 모든 수미산왕만큼의 칠보 무더기들을 누군가가 가져다 보시하더라도, 만약 어떤 사람이 이 반야바라밀경 내지는 네 구절의 게송 등을 받아지니며, 읽고 외워서 다른 사람을 위해 말해주는 것에 비하면, 그 복덕은 백 분의 일, 백천만억 분의 일에도 미치지 못할 뿐만 아니라, 헤아림이나 비유로는 능히 미치지 못하느니라."

須菩提若三千大千世界中所有諸
수 보 리 약 삼 천 대 천 세 계 중 소 유 제

須彌山王如是等七寶聚有人持用
수 미 산 왕 여 시 등 칠 보 취 유 인 지 용

布施若人以此般若波羅蜜經乃至
보 시 약 인 이 차 반 야 바 라 밀 경 내 지

四句偈等受持讀誦爲他人說於前
사 구 게 등 수 지 독 송 위 타 인 설 어 전

福德百分不及一百千萬億分乃至
복 덕 백 분 불 급 일 백 천 만 억 분 내 지

算數譬喻所不能及
산 수 비 유 소 불 능 급

化無所化分 第二十五

"수보리야, 어떻게 생각하느냐? 너희들은 여래께서 이런 생각, 즉 '내가 마땅히 중생을 제도한다' 라는 생각을 하신다고 말하지 말라.

수보리야, 이러한 생각은 짓지 말지니, 왜냐하면 실지로는 여래께서 제도할 중생이 없기 때문이니라. 만약에 여래께서 '제도할 중생이 있다' 라고 하신다면, 여래는 곧 '아와 인과 중생과 수자가 있는 것' 이 되느니라.

수보리야, 여래께서 설하신, '아(我)가 있다' 라고 하는 것은 곧 아가 있음이 아니거늘, 범부들이 '아가 있다' 라고 여기는 것이니라. 수보리야,

須菩提於意云何汝等勿謂如來作
수 보 리 어 의 운 하 여 등 물 위 여 래 작

是念我當度衆生須菩提莫作是念
시 념 아 당 도 중 생 수 보 리 막 작 시 념

何以故實無有衆生如來度者若有
하 이 고 실 무 유 중 생 여 래 도 자 약 유

衆生如來度者如來卽有我人衆生
중 생 여 래 도 자 여 래 즉 유 아 인 중 생

壽者須菩提如來說有我者卽非有
수 자 수 보 리 여 래 설 유 아 자 즉 비 유

我而凡夫之人以爲有我須菩提凡
아 이 범 부 지 인 이 위 유 아 수 보 리 범

51

'범부'라는 것도 여래께서 설하시되, 곧 범부가 아니라 그 이름이 '범부'라 하셨느니라."

법신비상분 제 이십육

"수보리야, 어떻게 생각하느냐? 32상으로써 여래를 볼 수 있겠느냐?"
수보리가 말씀드렸습니다.
"예, 그렇습니다. 32상으로써 여래를 볼 수 있습니다."
부처님께서 말씀하셨습니다.
"수보리야, 만일 '32상으로 여래를 본다'라고 하면, 전륜성왕도 곧 여래이리라."
수보리가 부처님께 사뢰었습니다.
"세존이시여, 제가 부처님께서 설하신 말씀의 뜻을 이해하기로는

夫者如來說卽非凡夫是名凡夫
부 자 여 래 설 즉 비 범 부 시 명 범 부

法身非相分 第二十六

須菩提於意云何可以三十二相觀
수 보 리 어 의 운 하 가 이 삼 십 이 상 관

如來不須菩提言如是如是以三十
여 래 부 수 보 리 언 여 시 여 시 이 삼 십

二相觀如來佛言須菩提若以三十
이 상 관 여 래 불 언 수 보 리 약 이 삼 십

二相觀如來者轉輪聖王卽是如來
이 상 관 여 래 자 전 륜 성 왕 즉 시 여 래

須菩提白佛言世尊如我解佛所說
수 보 리 백 불 언 세 존 여 아 해 불 소 설

응당 32상으로써 여래를 볼 수
없습니다."
그때 세존께서 게송으로 말씀하
셨습니다.
"만약 형색으로써 나를 보거나
소리로써 나를 구하면, 그 사람
은 삿된 도를 행함이니, 능히 여
래를 보지 못하리라."

무단무멸분 제 이십칠

"수보리야, 네가 만일 이런 생각
을 하되, '여래께서는 구족한 상
을 쓰시지 않은 까닭으로 아뇩다
라삼먁삼보리를 얻으셨다' 라고
한다면, 수보리야 '여래께서는
구족한 상을 쓰시지 않은 까닭으
로

義不應以三十二相觀如來爾時世
의 불 응 이 삼 십 이 상 관 여 래 이 시 세
尊而說偈言若以色見我以音聲求
존 이 설 게 언 약 이 색 견 아 이 음 성 구
我是人行邪道不能見如來
아 시 인 행 사 도 불 능 견 여 래

無斷無滅分 第二十七

須菩提汝若作是念如來不以具足
수 보 리 여 약 작 시 념 여 래 불 이 구 족
相故得阿耨多羅三藐三菩提須菩
상 고 득 아 뇩 다 라 삼 먁 삼 보 리 수 보
提莫作是念如來不以具足相故得
리 막 작 시 념 여 래 불 이 구 족 상 고 득

아뇩다라삼먁삼보리를 얻으셨
다'라는 생각을 짓지 마라.
수보리야, 네가 만일 이런 생각
을 하되, '아뇩다라삼먁삼보리
심을 발한 사람은 모든 법이 단
멸했다고 말한다' 라고 한다면,
이런 생각도 짓지 말지니, 왜냐
하면 아뇩다라삼먁삼보리심을
발한 사람은 법에 있어서 단멸상
을 말하지 않기 때문이니라."

불수불탐분 제 이십팔

"수보리야, 만약에 보살이 갠지
스강 모래 수만큼의 세계에 칠보
를 가득히 채워서 보시에 쓴다고
하더라도,

阿耨多羅三藐三菩提須菩提汝若
아 뇩 다 라 삼 먁 삼 보 리 수 보 리 여 약

作是念發阿耨多羅三藐三菩提心
작 시 념 발 아 뇩 다 라 삼 먁 삼 보 리 심

者說諸法斷滅莫作是念何以故發
자 설 제 법 단 멸 막 작 시 념 하 이 고 발

阿耨多羅三藐三菩提心者於法不
아 뇩 다 라 삼 먁 삼 보 리 심 자 어 법 불

說斷滅相
설 단 멸 상

不受不貪分 第二十八

須菩提若菩薩以滿恒河沙等世界
수 보 리 약 보 살 이 만 항 하 사 등 세 계

만일 어떤 사람이 있어, '일체법이 아(我)가 없음'을 알아서, 지혜(忍)를 얻어 이루면, 이 보살은 앞의 보살이 얻은 바 공덕보다 수승하리라. 왜냐하면 수보리야, 이 모든 보살은 복덕을 받지 않는 까닭이니라."

수보리가 부처님께 사뢰었습니다.

"세존이시여, 어찌하여 보살이 복덕을 받지 않습니까?"

"수보리야, 보살은 지은 바 복덕에 탐착하지 않느니라. 그러한 까닭으로 '복덕을 받지 않는다'라고 하느니라."

七寶持用布施若復有人知一切法
칠 보 지 용 보 시 약 부 유 인 지 일 체 법

無我得成於忍此菩薩勝前菩薩所
무 아 득 성 어 인 차 보 살 승 전 보 살 소

得功德何以故須菩提以諸菩薩不
득 공 덕 하 이 고 수 보 리 이 제 보 살 불

受福德故須菩提白佛言世尊云何
수 복 덕 고 수 보 리 백 불 언 세 존 운 하

菩薩不受福德須菩提菩薩所作福
보 살 불 수 복 덕 수 보 리 보 살 소 작 복

德不應貪着是故說不受福德
덕 불 응 탐 착 시 고 설 불 수 복 덕

위의적정분 제 이십구

"수보리야, 만약에 어떤 사람이 있어서, '여래께서는 오시기도 하고, 가시기도 하며, 앉으시기도 하고, 누우시기도 한다' 라고 말한다면, 이 사람은 내가 설한 바 뜻을 이해하지 못함이니라. 왜냐하면 여래란 어디로부터 온 바도 없으며 또한 가는 바도 없는 까닭에 '여래' 라 이름하기 때문이니라."

일합이상분 제 삼십

"수보리야, 만약에 선남자 선여인이 삼천대천세계를 부수어서

威儀寂靜分 第二十九

須菩提若有人言如來若來若去若
수 보 리 약 유 인 언 여 래 약 래 약 거 약

坐若臥是人不解我所說義何以故
좌 약 와 시 인 불 해 아 소 설 의 하 이 고

如來者無所從來亦無所去故名如
여 래 자 무 소 종 래 역 무 소 거 고 명 여

來
래

一合理相分 第三十

須菩提若善男子善女人以三千大
수 보 리 약 선 남 자 선 여 인 이 삼 천 대

56

작은 먼지로 만든다면, 어떻게 생각하느냐? 그 수가 많지 않겠느냐?"

수보리가 대답하였습니다.

"대단히 많겠습니다, 세존이시여. 왜냐하면 만일 이 작은 먼지들이 실지로 있는 것이라면, 부처님께서 곧 '작은 먼지들' 이라고 말씀하지 않으셨을 것이기 때문입니다. 어떤 연유인고 하면, 부처님께서 설하신 '작은 먼지들' 은 곧 작은 먼지들이 아니라 그 이름이 '작은 먼지들' 인 까닭입니다.

세존이시여, 여래께서 설하신 바 '삼천대천세계'는 곧 세계가 아니라 그 이름이 '세계' 입니다. 왜냐하면 만약에 세계가 실지로 있는 것이라면 곧 한 덩어리의 모양으로 된 것이려니와,

千 世 界 碎 爲 微 塵 於 意 云 何 是 微 塵
천 세 계 쇄 위 미 진 어 의 운 하 시 미 진

衆 寧 爲 多 不 須 菩 提 言 甚 多 世 尊 何
중 영 위 다 부 수 보 리 언 심 다 세 존 하

以 故 若 是 微 塵 衆 實 有 者 佛 即 不 說
이 고 약 시 미 진 중 실 유 자 불 즉 불 설

是 微 塵 衆 所 以 者 何 佛 說 微 塵 衆 即
시 미 진 중 소 이 자 하 불 설 미 진 중 즉

非 微 塵 衆 是 名 微 塵 衆 世 尊 如 來 所
비 미 진 중 시 명 미 진 중 세 존 여 래 소

說 三 千 大 千 世 界 即 非 世 界 是 名 世
설 삼 천 대 천 세 계 즉 비 세 계 시 명 세

界 何 以 故 若 世 界 實 有 者 即 是 一 合
계 하 이 고 약 세 계 실 유 자 즉 시 일 합

57

여래께서 설하신 '한 덩어리'는
한 덩어리가 아니라 그 이름이
'한 덩어리'이기 때문입니다."
"수보리야, '한 덩어리의 모양'
이란 곧 말할 수 없거늘, 다만 범
부들이 그것을 탐내고 집착하느
니라."

지견불생분 제 삼십일

"수보리야, 만약에 어떤 사람이
말하기를 '부처님께서 아견·인
견·중생견·수자견을 설하셨
다'라고 한다면, 어떻게 생각하
느냐? 이 사람은 내가 설한 바 뜻
을 이해하고 있는 것이냐?"
"아닙니다, 세존이시여. 그 사람
은 여래께서 말씀하신 뜻을 이해
하지 못한 것입니다."

相如來說一合相卽非一合相是名
상 여래 설 일 합 상 즉 비 일 합 상 시 명

一合相須菩提一合相者卽是不可
일 합 상 수 보 리 일 합 상 자 즉 시 불 가

說但凡夫之人貪着其事
설 단 범 부 지 인 탐 착 기 사

知見不生分 第三十一

須菩提若人言佛說我見人見衆生
수 보 리 약 인 언 불 설 아 견 인 견 중 생

見壽者見須菩提於意云何是人解
견 수 자 견 수 보 리 어 의 운 하 시 인 해

我所說義不不也世尊是人不解如
아 소 설 의 부 불 야 세 존 시 인 불 해 여

"왜냐하면 세존께서 설하신 '아견·인견·중생견·수자견'은 곧 아견·인견·중생견·수자견이 아니라 그 이름이 '아견·인견·중생견·수자견'이기 때문입니다."

"수보리야, 아뇩다라삼먁삼보리심을 발한 사람은 모든 법에 대하여 마땅히 이와 같이 알고, 이와 같이 보며, 이와 같이 믿고 이해하여, '법'이라는 상을 내지 말아야 하느니라. 수보리야, 말한 바 '법상'이란 여래께서 설하시되, 곧 법상이 아니라 그 이름이 '법상'이라 하셨느니라."

來所說義何以故世尊說我見人見
래 소 설 의 하 이 고 세 존 설 아 견 인 견

衆生見壽者見卽非我見人見衆生
중 생 견 수 자 견 즉 비 아 견 인 견 중 생

見壽者見是名我見人見衆生見壽
견 수 자 견 시 명 아 견 인 견 중 생 견 수

者見須菩提發阿耨多羅三藐三菩
자 견 수 보 리 발 아 뇩 다 라 삼 먁 삼 보

提心者於一切法應如是知如是見
리 심 자 어 일 체 법 응 여 시 지 여 시 견

如是信解不生法相須菩提所言法
여 시 신 해 불 생 법 상 수 보 리 소 언 법

相者如來說卽非法相是名法相
상 자 여 래 설 즉 비 법 상 시 명 법 상

응화비진분 제 삼십이

"수보리야, 만약에 어떤 사람이 있어, 한량없는 아승지 세계에 칠보를 가득히 채워서 보시에 쓴다고 할지라도, 만일 어떤 선남자 선여인이 보살심을 발한 자가 있어서, 이 금강경을 지니거나, 혹은 네 구절의 게송 등이라도 받아 지니며 읽고 외워서, 다른 사람을 위해 널리 말해주면, 그 복덕이 먼저보다 수승하리라. 다른 사람을 위해 널리 말해 줄 때는 어떻게 해야 할 것인가? 상에 집착하지 말고, 한결같이 하며, 흔들림 없이 하라."

須菩提若有人以滿無量阿僧祇世
수 보 리 약 유 인 이 만 무 량 아 승 지 세

界七寶持用布施若有善男子善女
계 칠 보 지 용 보 시 약 유 선 남 자 선 여

人發菩薩心者持於此經乃至四句
인 발 보 살 심 자 지 어 차 경 내 지 사 구

偈等受持讀誦爲人演說其福勝彼
게 등 수 지 독 송 위 인 연 설 기 복 승 피

云何爲人演說不取於相如如不動
운 하 위 인 연 설 불 취 어 상 여 여 부 동

何以故
하 이 고

"왜냐하면, 일체의 '중생심이 쓰는 유위법'은 꿈과 같고, 허깨비와 같고, 물거품과 같고, 그림자와 같고, 이슬과 같고, 번개와 같기 때문이니, 마땅히 이와 같이 보아라."

부처님께서 이 금강경 설하심을 모두 마치시니, 장로인 수보리와 모든 비구·비구니와 우바새·우바이와 일체 세간의 하늘사람·인간·아수라 등이 석가모니 부처님의 법문을 듣고, 모두 다 크게 환희하며, 믿고 받아 지녀, 받들어 행하였습니다.

一切有爲法　如夢幻泡影
일 체 유 위 법　여 몽 환 포 영

如露亦如電　應作如是觀
여 로 역 여 전　응 작 여 시 관

佛說是經已長老須菩提及諸比丘
불 설 시 경 이 장 로 수 보 리 급 제 비 구

比丘尼優婆塞優婆夷一切世間天
비 구 니 우 바 새 우 바 이 일 체 세 간 천

人阿修羅聞佛所說皆大歡喜信受
인 아 수 라 문 불 소 설 개 대 환 희 신 수

奉行
봉 행

새롭게 읽고쓰는 금강경 사경 노트

2020.06.20 초판1쇄 발행
2025.04.02 재판3쇄 발행

—

편저자   **無一** 우학 큰스님

펴낸곳   도서출판 좋은인연(한국불교대학 부속출판사)
        편집 / 김현미
        교정 / 이원정(세지)
        등록 / 제4-88호
        주소 / 대구 남구 중앙대로 126
        전화 / 053-475-3707

        홈페이지 / 한국불교대학
        다음카페 / 불교인드라망
        유튜브 / 우학스님 유튜브불교대학, K-붓다빌리지

ISBN   978-89-93040-93-7 (03220)
        정가 7,000원